Impressum
Verlag: BABADADA GmbH, Nedderfeld 112 , 22529 Hamburg
Geschäftsführer / Verlagsleitung: Harald Hof
Druck: Books on Demand GmbH, In de Tarpen 42, 22848 Norderstedt

Imprint
Publisher: BABADADA GmbH, Nedderfeld 112 , 22529 Hamburg, Germany
Managing Director / Publishing direction: Harald Hof
Print: Books on Demand GmbH, In de Tarpen 42, 22848 Norderstedt

sekolah

school

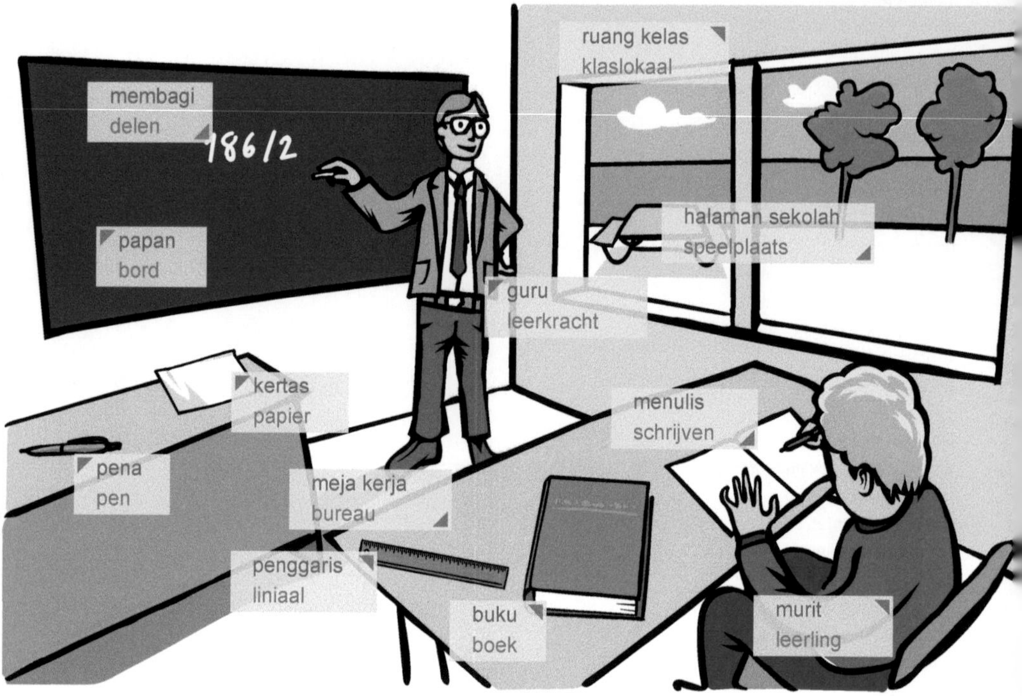
ruang kelas
klaslokaal
membagi
delen
186/2
papan
bord
halaman sekolah
speelplaats
guru
leerkracht
kertas
papier
menulis
schrijven
pena
pen
meja kerja
bureau
penggaris
liniaal
buku
boek
murit
leerling

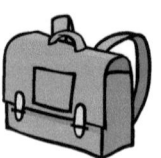

tas sekolah
schooltas

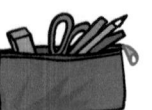

tempat pensil
pennenzak

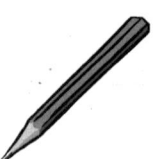

pensil
potlood

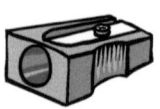

pengasah pensil
puntenslijper

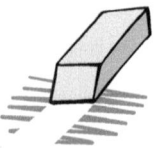

penghapus
gom

kertas gambar
tekenblok

gambar
tekening

kuas
verfborstel

kotak cat
verfdoos

gunting
schaar

lem
lijm

buku latihan
werkboek

pekerjaan rumah
huiswerk

12

angka
nummer

2+2

tambhakan
optellen

5-2

mengurangi
aftrekken

2×2

mengalikan
vermenigvuldigen

menghitung
rekenen

huruf
letter

**ABCDEFG
HIJKLMN
OPQRSTU
VWXYZ**

alfabet
alfabet

hello

kata
woord

teks

tekst

membaca

Lezen

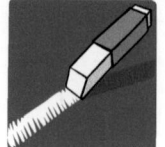

kapur

krijt

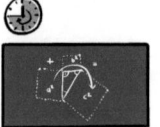

pelajaran

les

daftar

klassenboek

ujian

examen

sertifikat

certificaat

seragam sekolah

schooluniform

pendidikan

onderwijs

ensiklopedi

encyclopedie

universitas

universiteit

mikroskop

microscoop

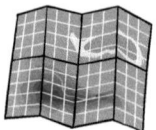

peta

kaart

tempat sampah

papiermand

perjalanan
reis

hotel
hotel
Grand
hostel
jeugdherberg
ROOMS
kantor pertukaran mata uang
wisselkantoor
koper
koffer
mobil
auto

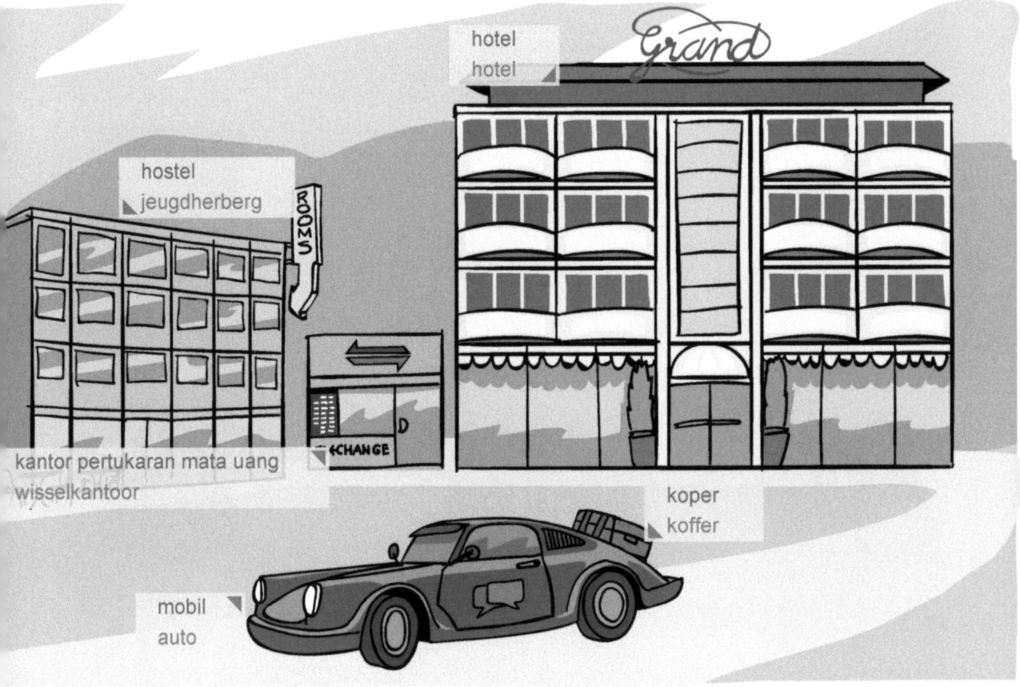

bahasa
Taal

ya / tidak
ja / nee

okay
oké

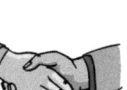

hallo
hallo

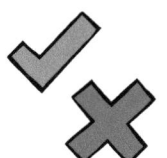

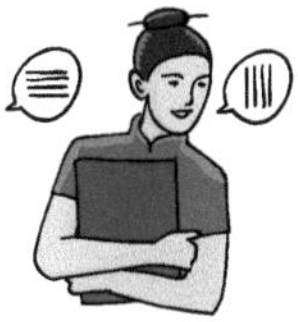

penerjemah
vertaler

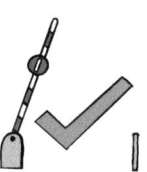

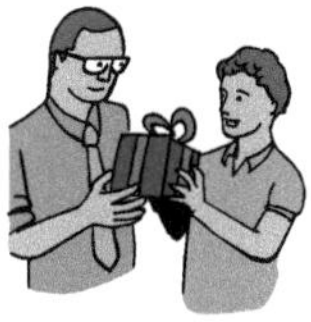

terima kasih
bedankt

Berapa harganya...?

Hoeveel kost ...?

saya tidak mengerti

Ik begrijp het niet

masalah

probleem

Selamat malam!

Goedenavond!

Selamat siang!

Goedemorgen!

Selamat tidur!

Goedenavond!

sampai jumpa

Tot ziens

arah

richting

bagasi

bagage

tas

zak

ransel

rugzak

tamu

gast

ruang

kamer

kantong tidur

slaapzak

tenda

tent

informasi wisata

toeristeninformatie

pantai

strand

kartu kredit

kredietkaart

sarapan

ontbijt

makan siang

lunch

makan malam

avondeten

tiket

ticket

elevator

lift

perangko

postzegel

perbatasan

grens

cukai

douane

kedutaan

ambassade

visa

visum

paspor

paspoort

transportasi
transport

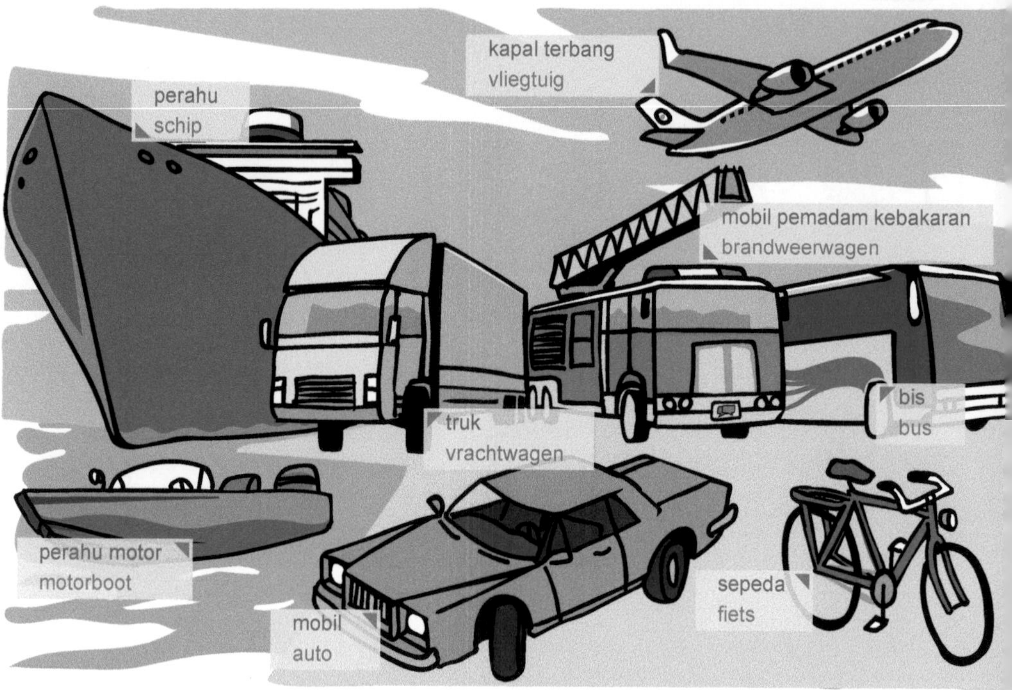

kapal terbang
vliegtuig
perahu
schip
mobil pemadam kebakaran
brandweerwagen
truk
vrachtwagen
bis
bus
perahu motor
motorboot
sepeda
fiets
mobil
auto

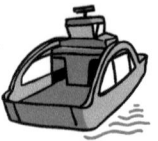

feri
veerboot

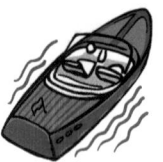

perahu
boot

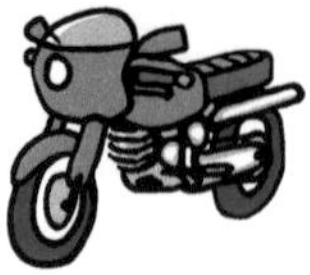

sepeda motor
motor

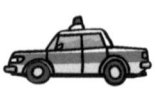

mobil polisi
politiewagen

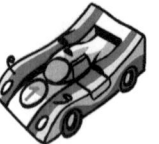

mobil balapan
racewagen

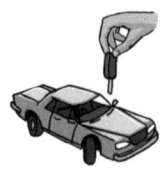

mobil sewa
huurauto

berbagi mobil

carpoolen

truk derek

sleepwagen

truk sampah

vuilniswagen

motor

motor

bahan bakar

benzine

bensin

benzinestation

tanda lalulintas

verkeersbord

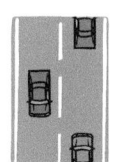

lalulintas

verkeer

macet

file

parkir mobil

parkeerplaats

stasiun kereta

station

trek

sporen

kereta api

trein

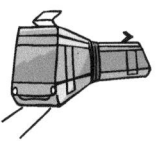

tram

tram

gerobak

wagon

helikopter
helikopter

bendara
luchthaven

menara
toren

penumpang
passagier

container
container

karton
karton

troli
kar

keranjang
mand

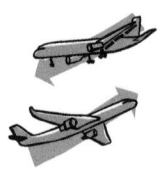

berangkat / mendarat
opstijgen / landen

kota

stad

desa
dorp

pusat kota
stadscentrum

rumah
huis

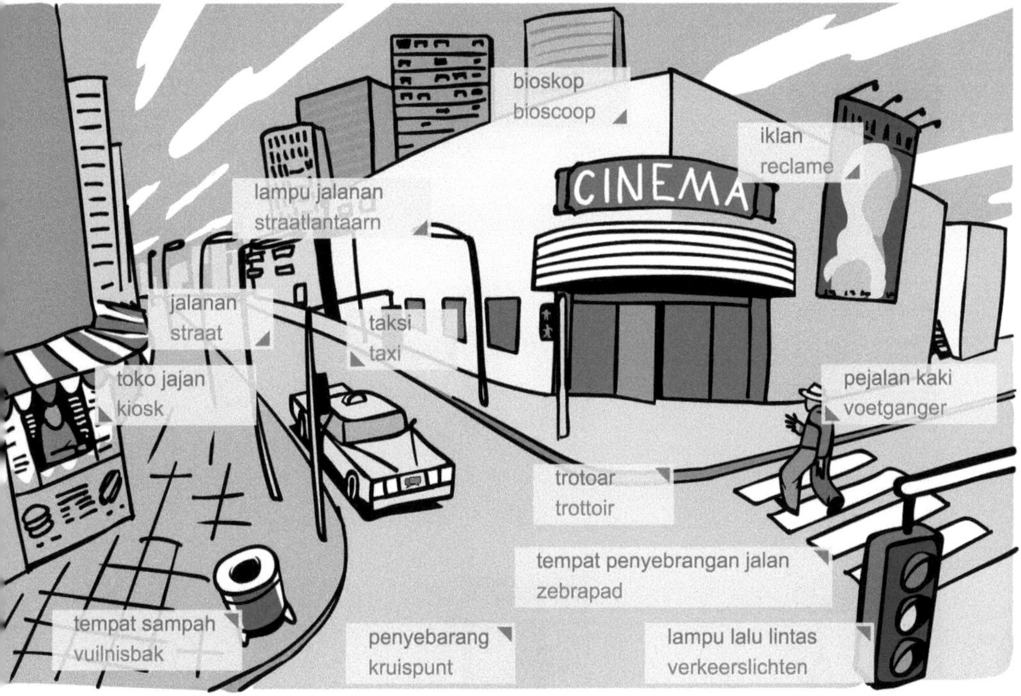

bioskop
bioscoop
CINEMA
iklan
reclame
lampu jalanan
straatlantaarn
jalanan
straat
taksi
taxi
toko jajan
kiosk
pejalan kaki
voetganger
trotoar
trottoir
tempat penyebrangan jalan
zebrapad
tempat sampah
vuilnisbak
penyebarang
kruispunt
lampu lalu lintas
verkeerslichten

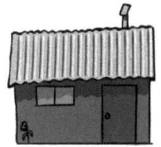

gubuk

hut

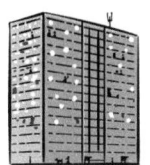

rumah flat

woning

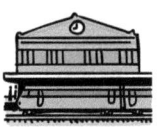

stasiun kereta

station

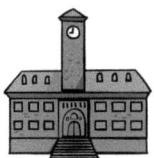

balai kota

stadshuis

MUSEUM

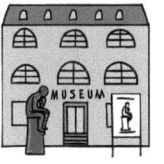

museum

museum

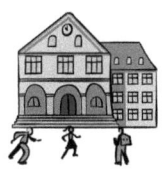

sekolah

school

universitas

universiteit

bank

bank

rumah sakit

ziekenhuis

hotel

hotel

farmasi

apotheek

kantor

kantoor

toko buku

boekwinkel

toko

winkel

toko bunga

bloemenwinkel

supermarket

supermarkt

pasar

markt

toko serba ada

warenhuis

nelayan

vishandelaar

pusat belanja

winkelcentrum

pelabuhan

haven

taman

park

banku

bank

jembatan

brug

tangga

trap

kereta bawah tanah

metro

terowongan

tunnel

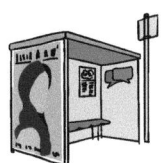

pemberhantian bis

bushalte

bar

bar

restauran

restaurant

kotak surat

brievenbus

tanda jalan

straatnaambord

meteran parkir

parkeermeter

kebun binatang

zoo

kolam renang

zwembad

mesjid

moskee

pertanian

boerderij

polusi

milieuverontreiniging

kuburan

kerkhof

gereja

kerk

tempat bermain

speelplaats

pura

tempel

pemandangan
landschap

daun / blad

penunjuk arah / wegwijzer

jalanan / weg

padang rumput / weide

batu / steen

pejalak kaki / wandelaar

pohon / boom

sungai / rivier

rumput / gras

bunga / bloem

lembah
vallei

bukit
heuvel

danau
meer

hutan
bos

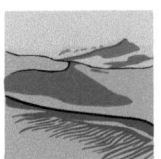

padang gurun
woestijn

gunung berapi
vulkaan

istana
kasteel

pelangi
regenboog

jamur
paddenstoel

pohon palem
palmboom

nyamuk
mug

lalat
vlieg

semut
mier

lebah
bijl

laba-laba
spin

pemandangan - landschap   15

kumbang

kever

kodok

kikker

tupai

eekhoorn

landak

egel

kelinci

haas

burung hantu

uil

burung

vogel

angsa

zwaan

babi jantan

wild zwijn

rusa

hert

rusa

eland

bendungan

dam

turbin angin

windturbine

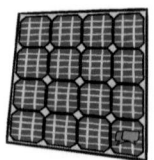

panel surya

zonnepaneel

iklim

klimaat

restauran

restaurant

pelayan
ober
daftar makanan
menu
kursi
stoel
sup
soep
pizza
pizza
peralatan makan
bestek
taplak
tafelkleed

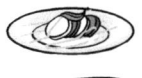

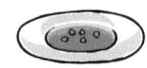

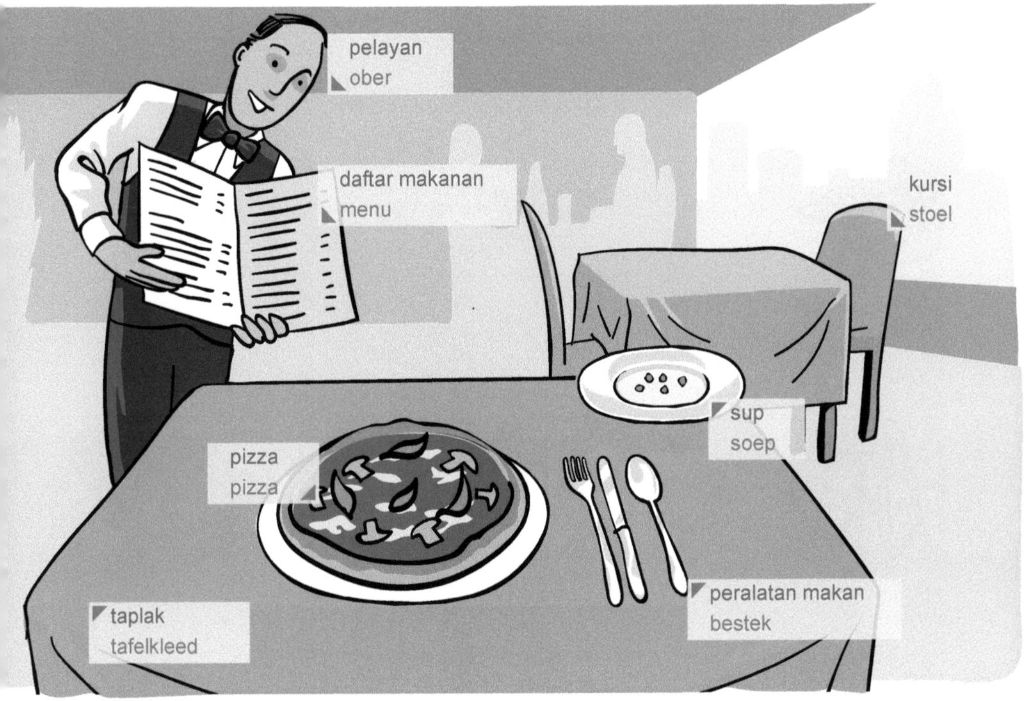

hindangan pembuka

voorgerecht

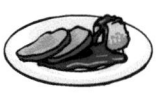

hidangan utama

hoofdgerecht

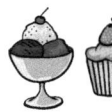

hidangan penutup

nagerecht

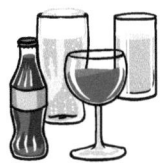

minuman

drankjes

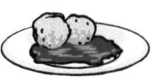

makanan

eten

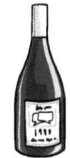

botol

fles

fastfood

fastfood

masakan jalanan

street food

teko teh

theepot

kaleng gula

suikerpot

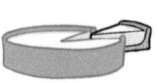

porsi

portie

mesin espresso

espressomachine

kursi tinggi

kinderstoel

tagihan

rekening

baki

dienblad

pisau

mes

garpu

vork

sendok

lepel

sendok teh

theelepel

serbet

serviette

gelas

glas

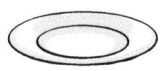

piring

bord

piring sup

soepbord

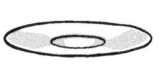

lepek

schoteltje

saus

saus

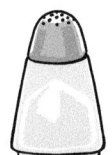

tempat garam

zoutvatje

gilingan merica

pepermolen

cuka

azijn

minyak

olie

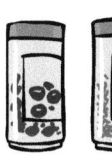

bumbu

kruiden

saus tomat

ketchup

mustar

mosterd

mayones

mayonaise

supermarket

supermarkt

penawaran khusus
aanbieding
FOR
klien
klant
produk susu
zuivelproducten
buah
fruit
troli
winkelwagen

BUTCHERS

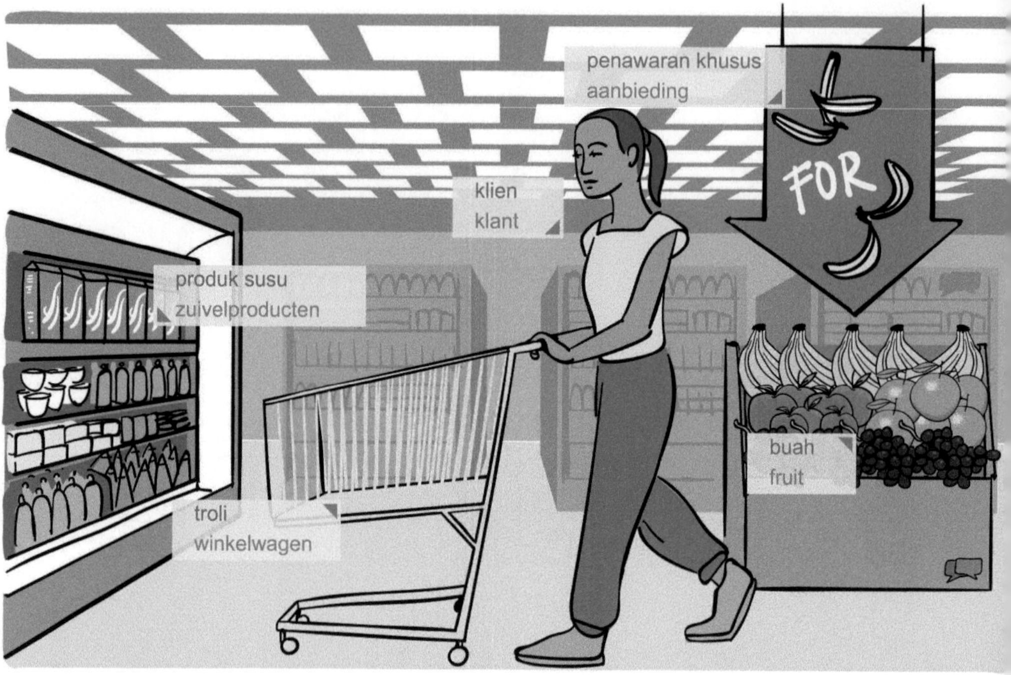

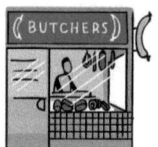

pembantai

slagerij

BAKERY

toko roti

bakkerij

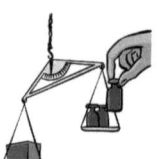

menimbang

wegen

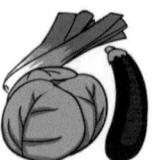

sayur

groenten

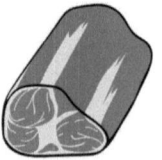

daging

vlees

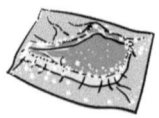

makanan beku

diepvriesvoedsel

pemotongan dingin

charcuterie

makanan kaleng

conserven

sabun serbuk

waspoeder

permen

snoep

alat-alat rumah tangga

huishoudproducten

obat pembersihan

schoonmaakproducten

penjual

verkoopster

kasa

kassa

kasir

kassier

daftar belanja

boodschappenlijstje

jam buka

openingstijden

dompet

portefeuille

kartu kredit

kredietkaart

tas

tas

kantong plastik

plastieken zakje

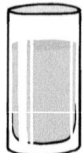

air
....
water

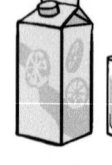

jus
....
sap

susu
....
melk

cola
....
cola

anggur
....
wijn

bir
....
bier

alkohol
....
alcohol

coklat
....
cacao

teh
....
thee

kopi
....
koffie

espresso
....
espresso

cappucino
....
cappuccino

pisang

banaan

apel

appel

jeruk

sinaasappel

semangka

meloen

jeruk lemon

citroen

wortel

wortel

bawang putih

knoflook

bambu

bamboe

bawang bombai

ajuin

jamur

champignon

kacang

noten

mi

noodles

spagetti

spaghetti

nasi

rijst

salat

salade

kentang goreng

frieten

kentang goreng

gebakken aardappelen

pizza

pizza

hamburger

hamburger

sandwich

sandwich

sayatan

kalfslapje

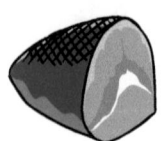

ham

ham

salami

salami

sosis

worst

ayam

kip

menggoreng

braden

ikan

vis

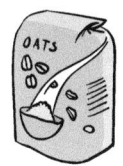

bubur gandum
havervlokken

sereal
muesli

cornflakes
cornflakes

tepung
bloem

croissant
croissant

roti
pistolet

roti
brood

toast
toast

biskuit
koekjes

mentega
boter

dadih
kwark

kue
taart

telur
ei

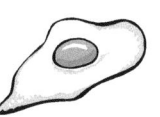

telur goreng
spiegelei

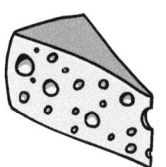

keju
kaas

eskrim
ijs

gula
suiker

madu
honing

selai
confituur

krim nugat
choco

kare
curry

pertanian
boerderij

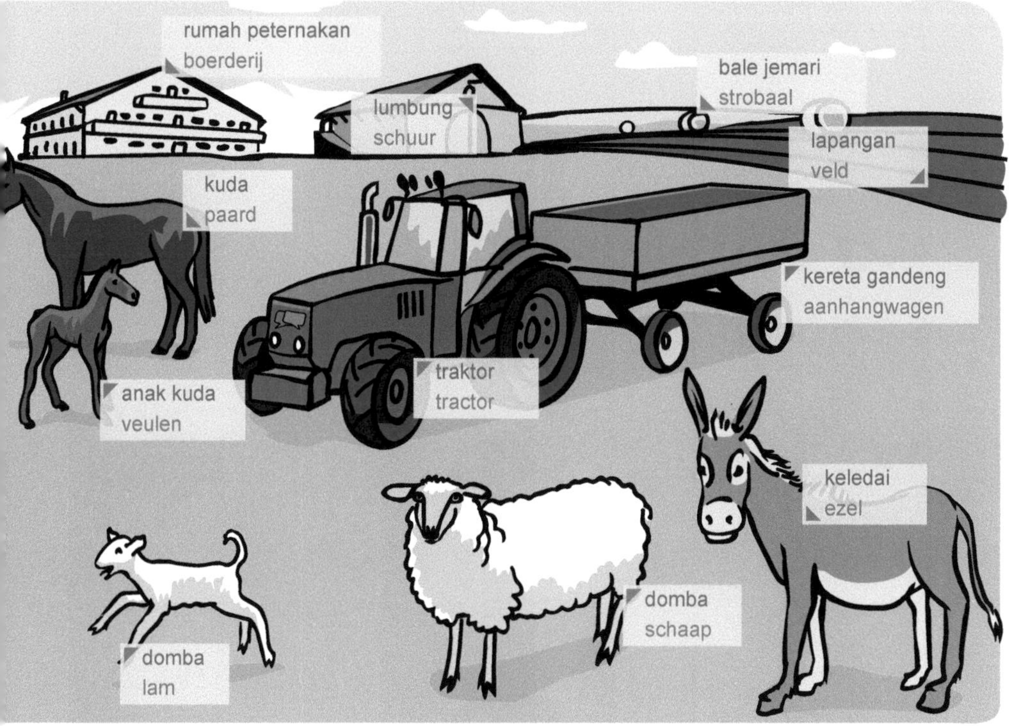

rumah peternakan
boerderij
bale jemari
strobaal
lumbung
schuur
lapangan
veld
kuda
paard
kereta gandeng
aanhangwagen
traktor
tractor
anak kuda
veulen
keledai
ezel
domba
schaap
domba
lam

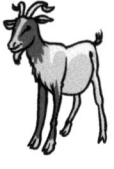

kambing

geit

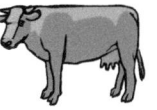

sapi

koe

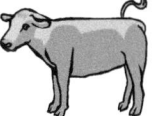

betis

kalf

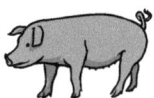

babi

varken

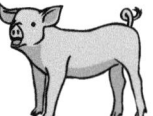

celeng

biggetje

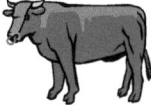

banteng

stier

angsa

gans

bebek

eend

anak ayam

kuiken

ayam

kip

ayam jantan

haan

tikus

rat

kucing

kat

tikus

muis

lembu

os

anjing

hond

rumah anjing

hondenhok

selang

tuinslang

penyiram

gieter

sabit

zeis

bajak

ploeg

sabit

sikkel

cangkul

schoffel

garpu rumput

hooivork

kapak

bijl

gerobak

kruiwagen

palung

trog

kaleng susu

melkkan

karung

zak

pagar

hek

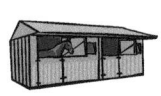

kandang

stal

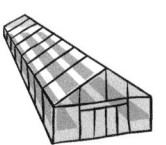

rumah kaca

broeikas

tanah

bodem

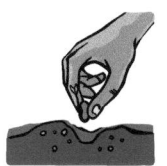

benih

zaad

pupuk

mest

mesin pemanen

maaidorser

panen

oogsten

panen

oogst

yams

yam

gandum

tarwe

kedelai

soja

kentang

aardappel

jagung

maïs

lobak

koolzaad

pohon buah

fruitboom

singkong

maniok

sereal

graan

rumah
huis

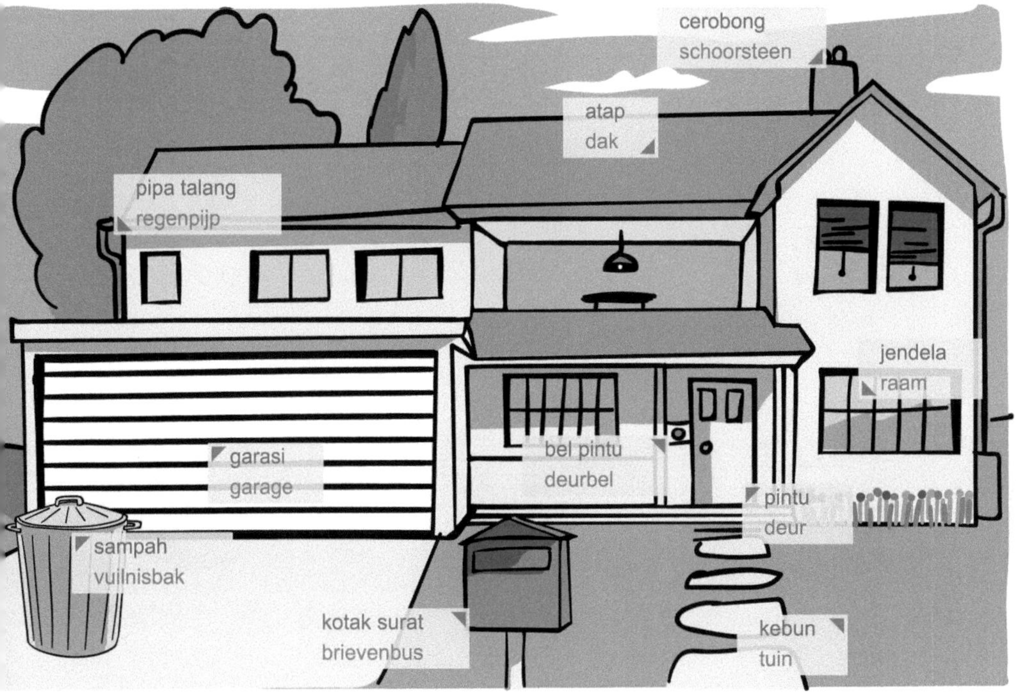
cerobong
schoorsteen
atap
dak
pipa talang
regenpijp
jendela
raam
bel pintu
deurbel
garasi
garage
pintu
deur
sampah
vuilnisbak
kotak surat
brievenbus
kebun
tuin

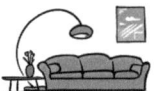

ruang tamu

woonkamer

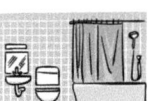

kamar mandi

badkamer

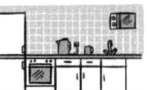

dapur

keuken

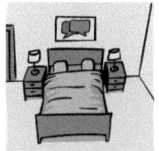

kamar tidur

slaapkamer

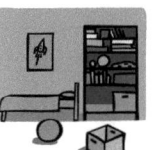

kamar anak

kinderkamer

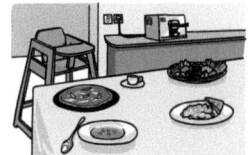

kamar makan

eetkamer

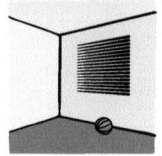

lantai

vloer

tembok

muur

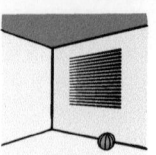

atap

plafond

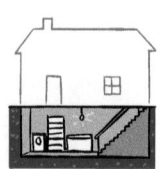

gudang di bawah tanah

kelder

sauna

sauna

balkon

balkon

teras

terras

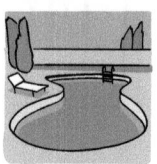

kolam renang

zwembad

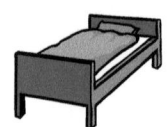

mesin pemotong rumput

grasmaaier

sprei

dekbedovertrek

selimut

dekbed

tempat tidur

bed

sapu

bezem

ember

emmer

tombol

schakelaar

ruang tamu
woonkamer

kertas dinding
behangpapier
gambar
foto
lampu
lamp
rak
schap
kabinet
kast
televisi
televisie
perapian
open haard
bunga
bloem
bantal
kussen
sofa
sofa
vas
vaas
remote control
afstandsbediening

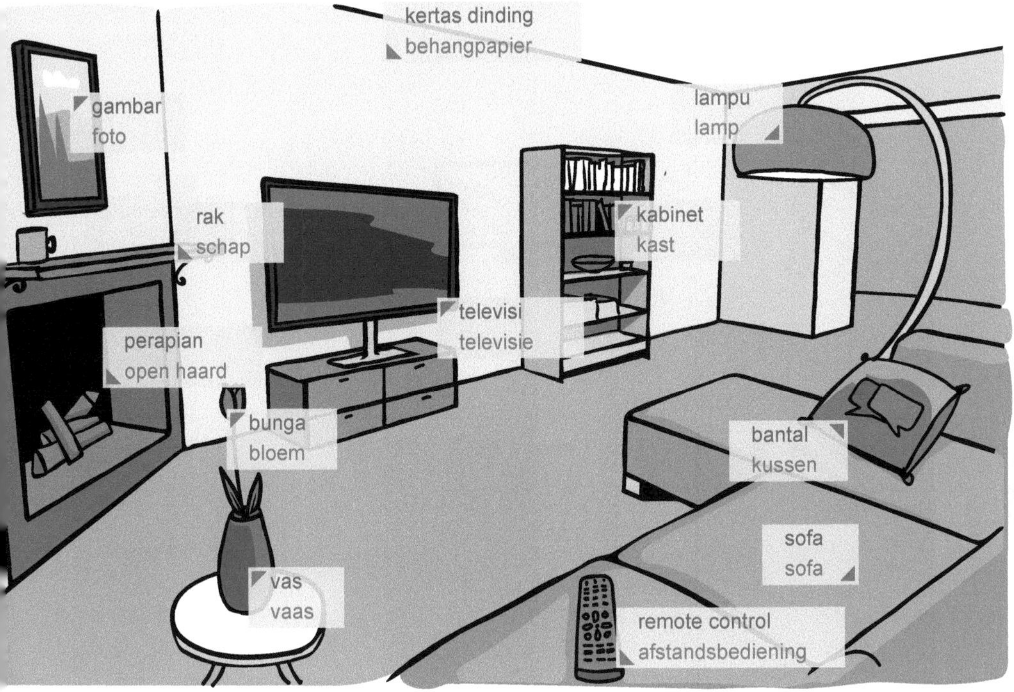

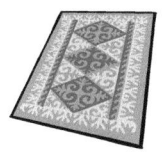

karpet

mat

korden

gordijn

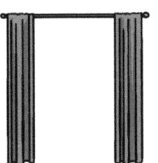

meja

tafel

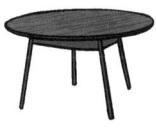

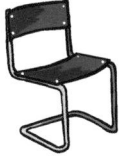

kursi

stoel

kursi goyang

schommelstoel

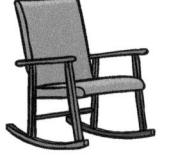

kursi malas

fauteuil

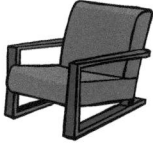

buku

boek

selimut

deken

dekorasi

decoratie

kayu bakar

brandhout

filem

film

hi-fi

stereo-installatie

kunci

sleutel

koran

krant

lukisan

schilderij

poster

poster

radio

radio

buku tulis

notitieboekje

penyedot debu

stofzuiger

kaktus

cactus

lilin

kaars

dapur
keuken

kulkas
koelkast
mesin pemanggang
microgolfoven
timbangan
keukenweegschaal
pemanggang roti
broodrooster
deterjen
afwasmiddel
kompor
oven
lemari es
vriesvak
sampah
vuilnisbak
mesin pencuci piring
vaatwasmachine

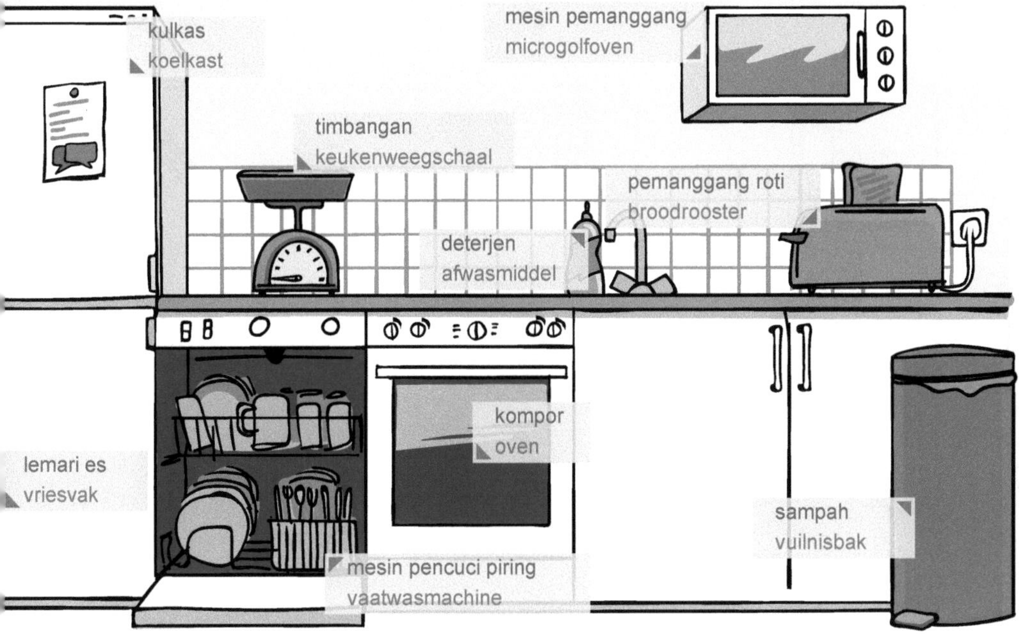

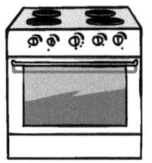

kompor
fornuis

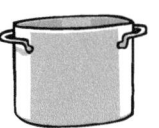

panci
pot

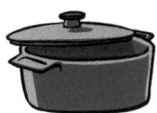

panci besi
gietijzeren pot

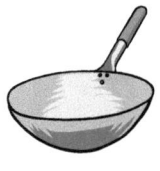

wajan
wok / kadai

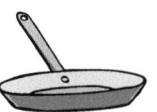

panci
pan

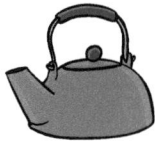

pemanas air
waterkoker

panci pengukus makanan
stoomkoker

nampan
bakplaat

piring
servies

cangkir
mok

mangkok
kom

sumpit
eetstokjes

sendok sup
pollepel

sudip
spatel

mengocok
garde

saringan
vergiet

saringan
zeef

parutan
rasp

mortir
mortier

barbeque
barbecue

api terbuka
haardvuur

papan memotong

snijplank

gilingan

deegrol

alat pembuka botol

kurkentrekker

kaleng

blik

pembuka kaleng

blikopener

pegangan panci

pannenlap

wastafel

gootsteen

sikat

borstel

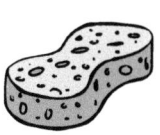

busa

spons

mesin pencampur

blender

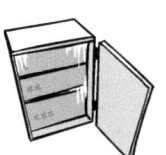

lemari es

vriezer

botol bayi

papfles

keran

kraan

kamar mandi
badkamer

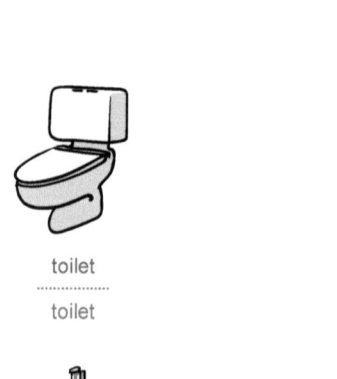

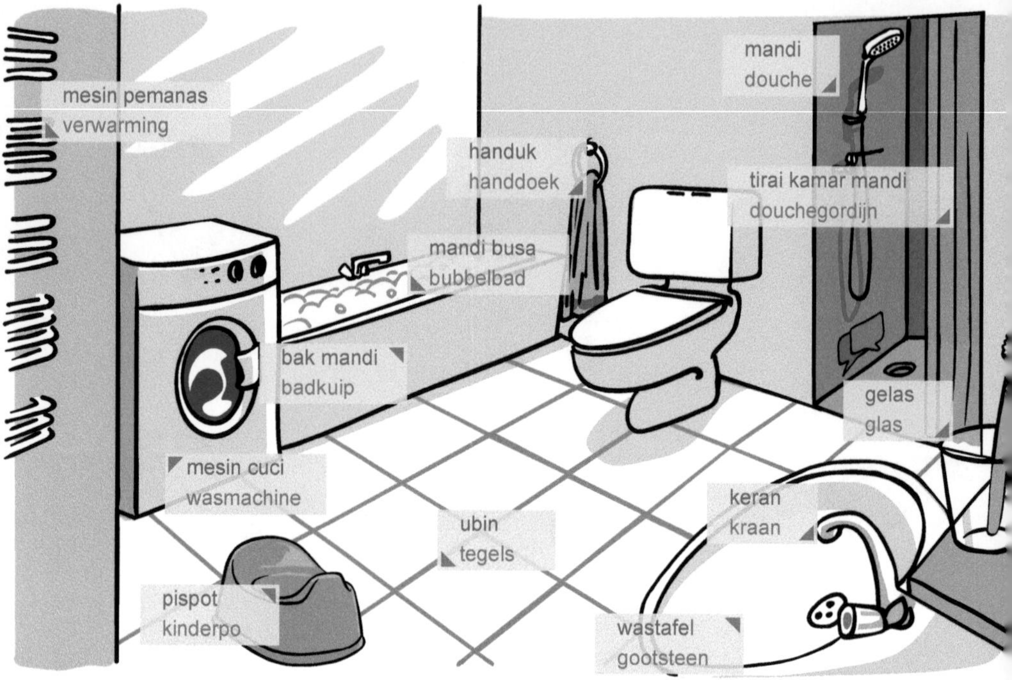
mandi
douche
mesin pemanas
verwarming
handuk
handdoek
tirai kamar mandi
douchegordijn
mandi busa
bubbelbad
bak mandi
badkuip
gelas
glas
mesin cuci
wasmachine
keran
kraan
ubin
tegels
pispot
kinderpo
wastafel
gootsteen

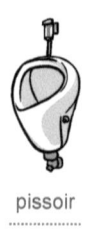

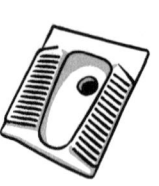

toilet

toilet

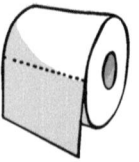

toilet jongkok

hurktoilet

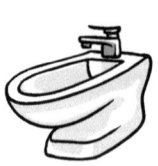

bidet

bidet

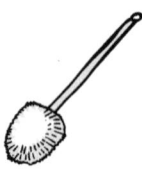

pissoir

urinoir

kertas toilet

toiletpapier

sikat toilet

toiletborstel

sikat gigi

tandenborstel

pasta gigi

tandpasta

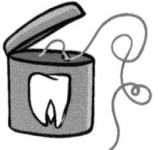

benang gigi

flosdraad

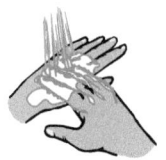

menyuci

wassen

pancuran tangan

handdouche

pancuran

bidethanddouche

bak

waskom

sikat punggung

rugborstel

sabun

zeep

gel mandi

douchegel

sampo

shampoo

planel

washandje

kuras

afvoer

krim

crème

deodoran

deodorant

kaca

spiegel

cermin tangan

handspiegel

pisau cukur

scheermes

busa cukur

scheerschuim

aftershave

aftershave

sisir

kam

sikat

borstel

alat pengering rambut

haardroger

semprot rambut

haarlak

makeup

make-up

lipstik

lippenstift

cat kuku

nagellak

kapas

watten

gunting kuku

nagelknipper

minyak wangi

parfum

kantong pencuci

toilettas

bangku

kruk

timbangan

weegschaal

mantel mandi

badjas

sarung tangan karet

latex handschoenen

tampon

tampon

handuk pembalut

maandverband

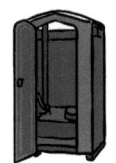

toilet kimia

chemisch toilet

kamar anak
kinderkamer

jam alarm
wekker
boneka tidur
knuffel
mobil-mobilan
speelgoedauto
kelintung
rammelaar
rumah boneka
poppenhuis
kado
geschenk

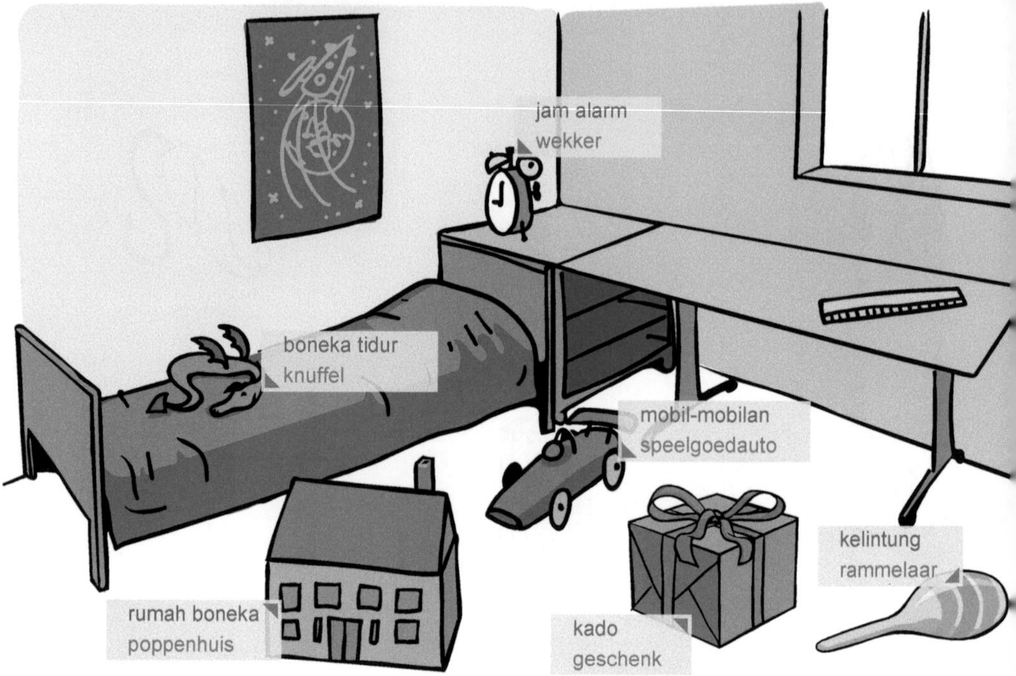

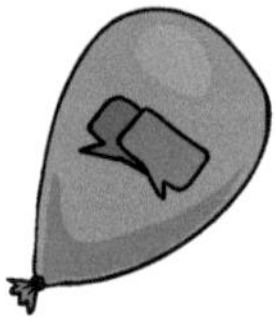

balon
ballon

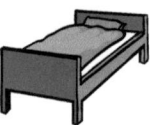

tempat tidur
bed

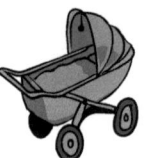

kereta bayi
kinderwagen

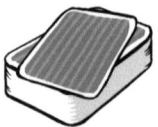

mainan kartu
spel kaarten

teka-teki
puzzel

SUPER
MEGA
komik
stripboek

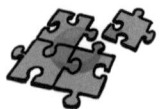

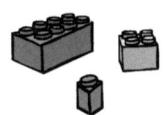

mainan lego

legoblokjes

blok mainan

blokken

figur aksi

actiefiguur

baju monyet

kruippakje

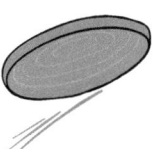

frisbee

frisbee

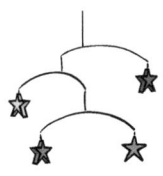

mobile

mobiel

permainan papan

bordspel

dadu

dobbelsteen

set model kreta api

modelspoorweg

dot

fopspeen

pesta

feest

buku gambar

prentenboek

bola

bal

boneka

pop

bermain

spelen

tempat main pasir

zandbak

ayunan

schommel

mainan

speelgoed

video game konsol

spelconsole

sepeda roda tiga

driewieler

teddy

knuffelbeer

lemari pakaian

kleerkast

pakaian
kleding

kaos kaki

sokken

kaos kaki

kousen

baju ketat

maillot

syal
sjaal

payung
paraplu

kaos
T-shirt

sabuk
riem

sepatu bot
laarzen

sandal
slippers

sepatu
sneakers

sandal	sepatu	sepatu bot karet
sandalen	schoenen	rubberlaarzen
celana dalam	BH	baju rompi
onderbroek	beha	onderhemd

body

lichaam

celana

broek

jeans

jeans

rok

rok

blus

blouse

kemeja

hemd

aket berkerudung

trui

sweater

capuchontrui

jaket

blazer

jaket

jas

mantel

jas

jas hujan

regenjas

kostum

kostuum

gaun

jurk

gaun pengantin

trouwjurk

setelan resmi

pak

gaun tidur

nachthemd

piyama

pyjama

sari

sari

jilbab

hoofddoek

turban

tulband

burka

boerka

kaftan

kaftan

abaya

abaya

pakaian renang

badpak

celana renang

zwembroek

celana pendek

short

olah raga

trainingspak

celemek

schort

sarung tangan

handschoenen

kancing

knoop

kacamata

bril

gelang

armband

kalung

ketting

cincin

ring

anting

oorbel

topi

pet

gantungan mantel

kapstok

topi

hoed

dasi

das

ritsleting

rits

helm

helm

tali selempang

bretellen

seragam sekolah

schooluniform

seragam

uniform

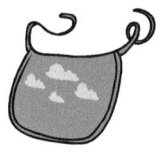

oto

slabbetje

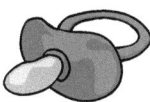

dot

fopspeen

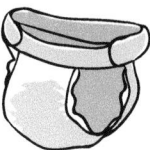

popok

luier

kantor

kantoor

server
server
lemari arsip
dossierkast
kertas
papier
pencetak
printer
layar
monitor
mouse komputer
muis
meja kerja
bureau
tempat pengarsipan
map
papan tombol
toestenbord
tempat sampah
papiermand
computer
computer
kursi
stoel

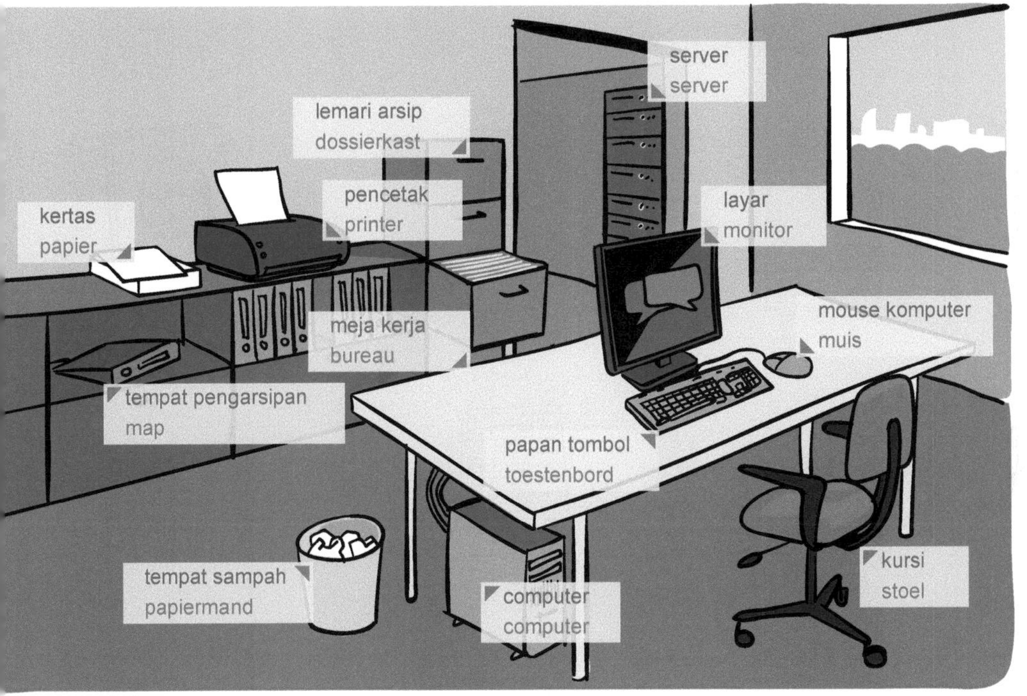

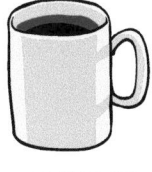

cangkir kopi

koffiemok

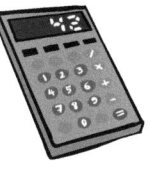

kalkulator

rekenmachine

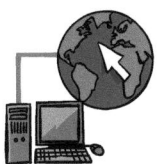

internet

internet

laptop

laptop

surat

brief

pesan

bericht

telepon seluler

gsm

jaringan

netwerk

fotokopi

kopieerapparaat

software

software

telepon

telefoon

plug soket

stopcontact

mesin fax

fax

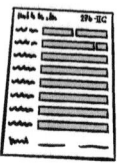

formulir

formulier

dokumen

document

membeli

kopen

membayar

betalen

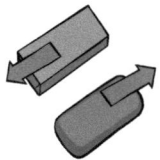

berdagang

handelen

uang

geld

Dollar

dollar

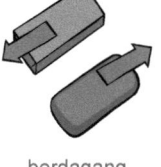

Euro

euro

Yen

yen

Rubel

roebel

Franc Swiss

Zwitserse frank

Renminbi Yuan

Chinese renminbi

Rupiah

roepie

ATM

geldautomaat

kantor pertukaran mata uang
wisselkantoor

emas
goud

perak
zilver

minyak
olie

energi
energie

harga
prijs

kontrak
contract

pajak
belasting

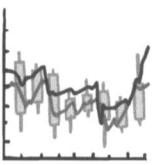

saham
aandeel

bekerja
werken

karyawan
werknemer

majikan
werkgever

pabrik
fabriek

toko
winkel

pekerjaan
beroepen

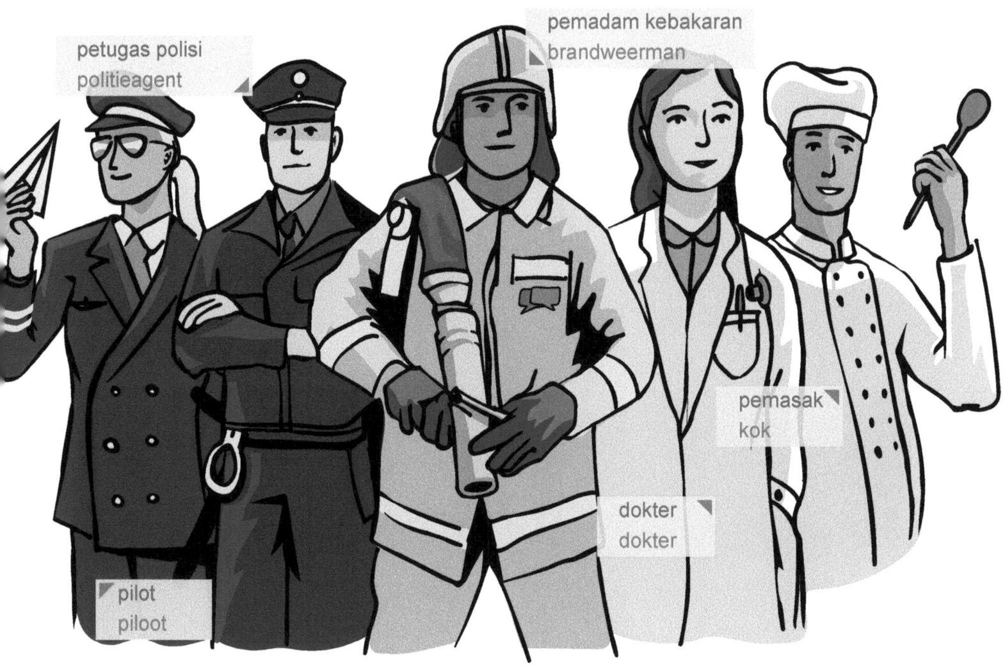
petugas polisi
politieagent
pemadam kebakaran
brandweerman
pemasak
kok
dokter
dokter
pilot
piloot

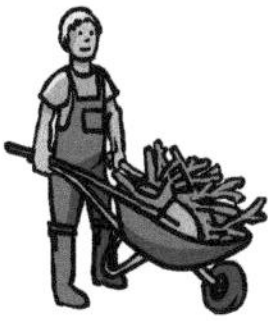

tukan kebun

tuinman

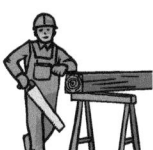

tukang kayu

timmerman

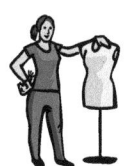

penjahit wanita

naaister

hakim

rechter

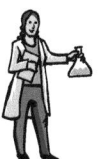

ahli kimia

chemicus

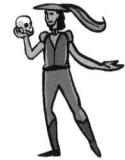

aktor

acteur

sopir bis

buschauffeur

sopir taksi

taxichauffeur

nelayan

visser

pembantu

schoonmaakster

tukang atap

dakdekker

pelayan

ober

pemburu

jager

pelukis

schilder

tukang roti

bakker

tukang listrik

elektricien

pembangun

bouwvakker

insinyur

ingenieur

tukang daging

slager

tukang ledeng

loodgieter

tukang pos

postbode

tentara

soldaat

arsitek

architect

kasir

kassier

penjual bunga

bloemist

penata rambut

kapper

konduktor

conducteur

montir

mecanicien

kapten

kapitein

dokter gigi

tandarts

ilmuwan

wetenschapper

rabbi

rabbijn

imam

imam

biarawan

monnik

pendeta

geestelijke

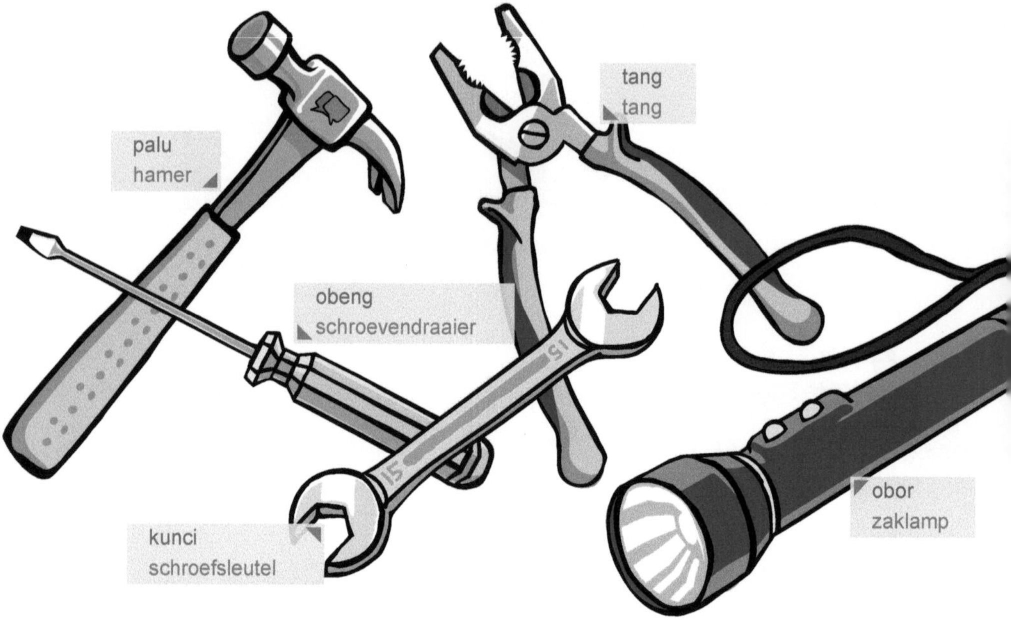

palu
hamer

tang
tang

obeng
schroevendraaier

kunci
schroefsleutel

obor
zaklamp

penggali

graafmachine

tas perkakas

gereedschapskoffer

tangga

ladder

gergaji

zaag

paku

spijkers

bor

boormachine

perbaikan
repareren

sekop
schop

Sialan!
Verdomme!

cikrak
blik

pot cat
verfpot

sekrup
schroeven

alat musik
muziekinstrumenten

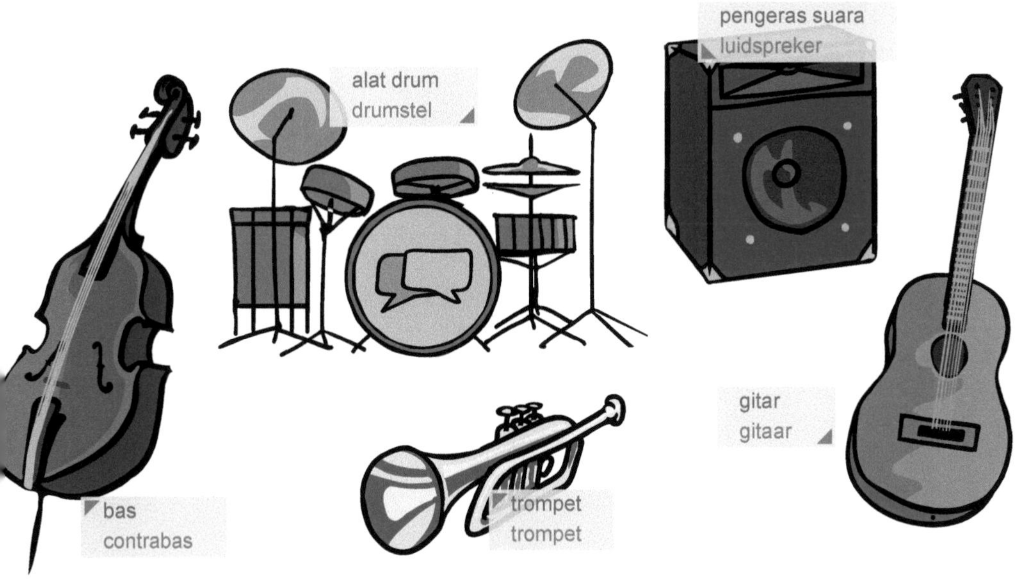

pengeras suara
luidspreker

alat drum
drumstel

gitar
gitaar

bas
contrabas

trompet
trompet

piano
piano

violin
viool

bass
basgitaar

tambur
pauk

drum
trommels

keyboard
keyboard

saksofon
saxofoon

suling
fluit

mikrofon
microfoon

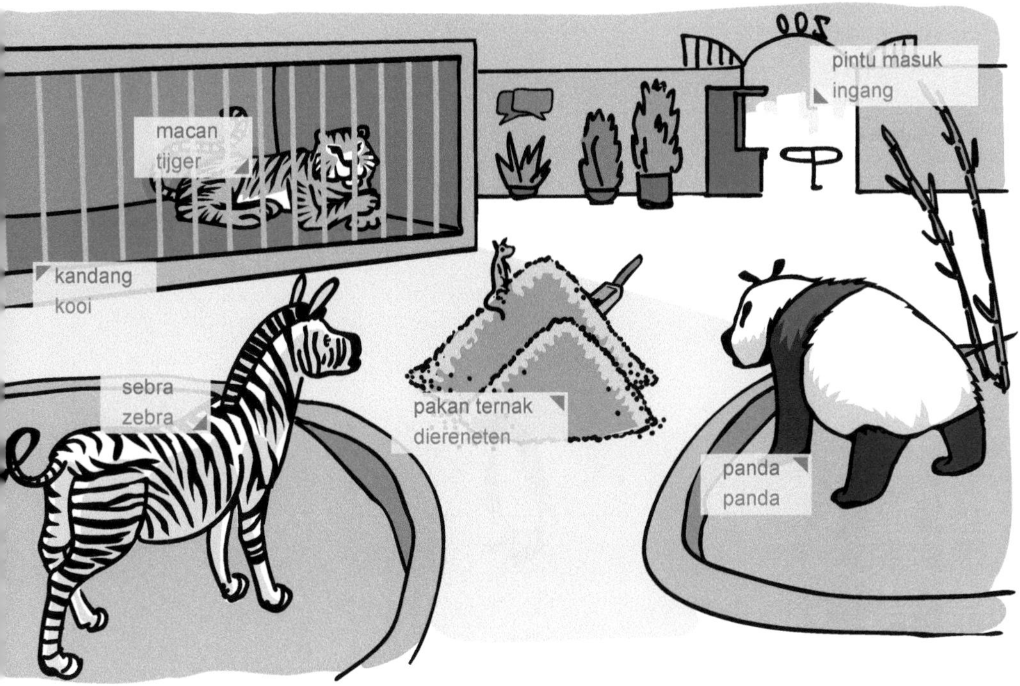

pintu masuk
ingang

macan
tijger

kandang
kooi

sebra
zebra

pakan ternak
diereneten

panda
panda

hewan
dieren

gajah
olifant

kanguru
kangoeroe

badak
neushoorn

gorila
gorilla

beruang
beer

unta

kameel

burung unta

struisvogel

singa

leeuw

monyet

aap

flamingo

flamingo

burung beo

papegaai

beruang polar

ijsbeer

penguin

pinguïn

hiu

haai

merak

pauw

ular

slang

buaya

krokodil

penjaga kebun binatang

dierenverzorger

segel

zeehond

jaguar

jaguar

kuda poni
pony

macan tutul
luipaard

kuda nil
nijlpaard

jerapah
giraffe

burung elang
adelaar

babi jantan
wild zwijn

ikan
vis

kura-kura
zeeschildpad

anjing laut
walrus

rubah
vos

kijang
gazelle

american football
rugby

naik sepeda
wielrennen

tennis
tennis

basketbal
basketbal

bernang
zwemmen

tinju
boksen

hoki es
ijshockey

sepak bola
····················
voetbal

badminton
····················
badminton

atletik
····················
atletiek

bola tangan
····················
handbal

main ski
····················
skiën

polo
····················
polo

aktivitas
activiteiten

ketawa
lachen
meloncat
springen
memeluk
knuffelen
berjalan
wandelen
menyanyi
zingen
mengimpi
dromen
berdoa
bidden
mencium
kussen

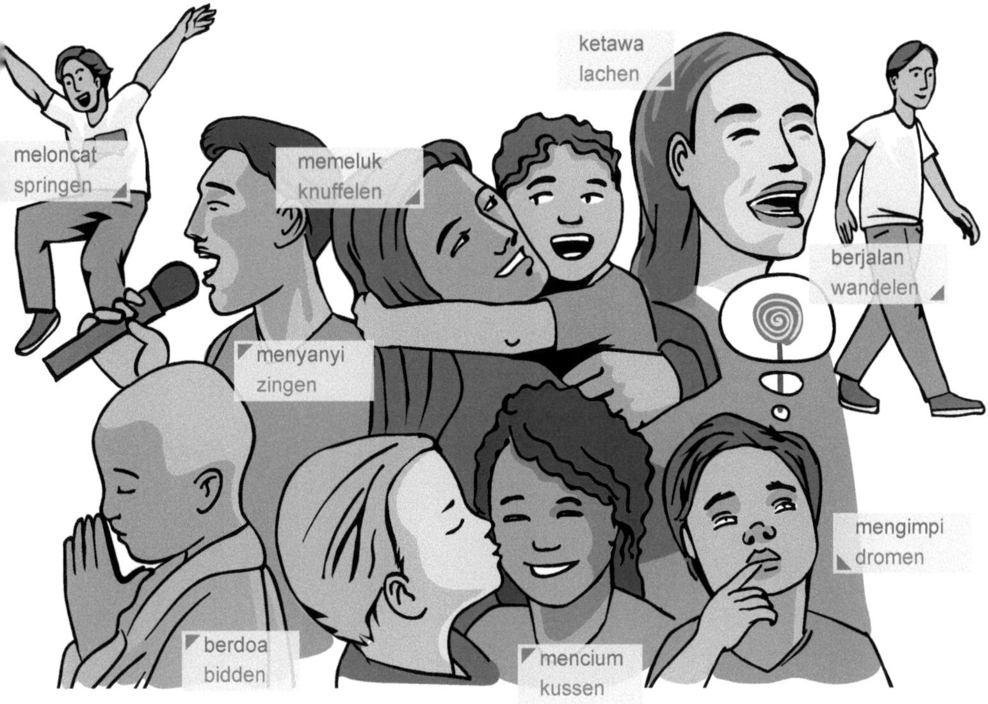

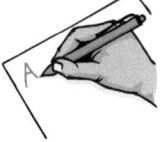

menulis

schrijven

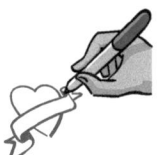

melukis

tekenen

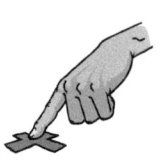

menunjuk

tonen

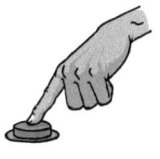

mendorong

duwen

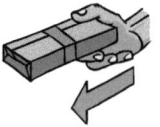

memberikan

geven

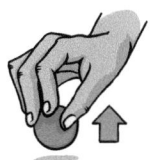

mengambil

nemen

mempunyai

hebben

melakukan

doen

adalah

zijn

berdiri

staan

berlari

lopen

menarik

trekken

melempar

gooien

jatuh

vallen

tidur

liggen

menunggu

wachten

membawa

dragen

duduk

zitten

berpakaian

aankleden

tidur

slapen

bangun

ontwaken

melihat
kijken naar

menangis
wenen

mengelus
aaien

menyisir
kammen

berbicara
praten

mengerti
begrijpen

menanyak
vragen

mendengar
luisteren

minum
drinken

makan
eten

merapikan
opruimen

cinta
houden van

memasak
koken

menyetir
rijden

terbang
vliegen

aktivitas - activiteiten

berlayar

zeilen

menghitung

rekenen

membaca

Lezen

belajar

leren

bekerja

werken

menikah

trouwen

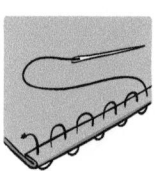

menjahit

naaien

sikat gigi

tandenpoetsen

membunuh

doden

merokok

roken

kirim

sturen

nenek
grootmoeder

kakek
grootvader

bapak
vader

ibu
moeder

bayi
baby

putri
dochter

putra
zoon

tamu

gast

bibi

tante

paman

oom

kakak laki

broer

kakak perempuan

zus

badan

lichaam

dahi
voorhoofd
mata
oog
bahu
schouder
jari
vinger
muka
gezicht
dagu
kin
tangan
hand
kaki
been
payudara
borst
lengan
arm

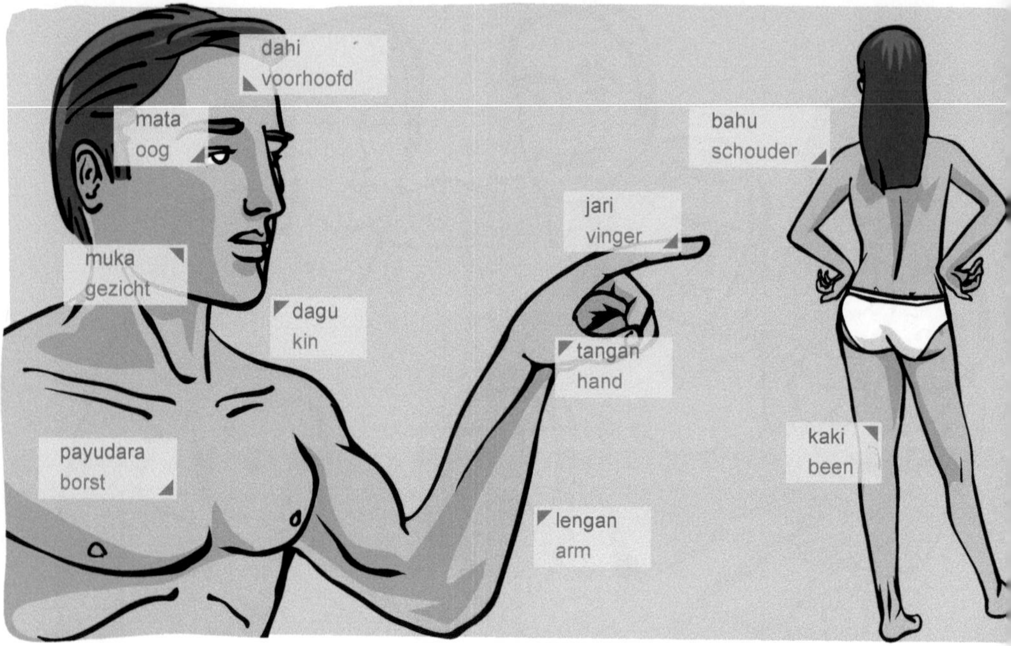

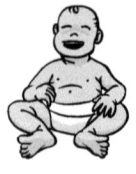

bayi

baby

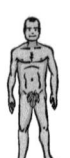

pria

man

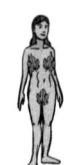

wanita

vrouw

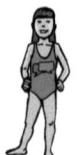

perempuan

meisje

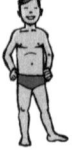

laki

jongen

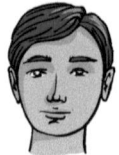

kepala

hoofd

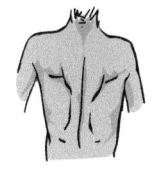

punggung

rug

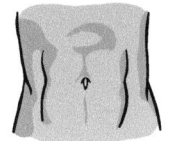

perut

buik

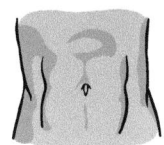

pusar

navel

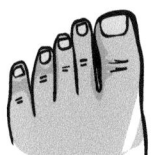

toe

teen

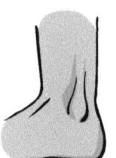

tumit

hiel

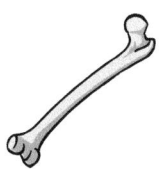

tulang

bot

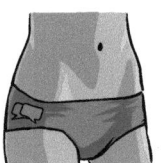

pinggang

heup

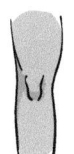

lutut

knie

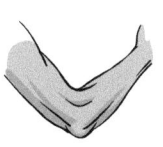

siku

elleboog

hidung

neus

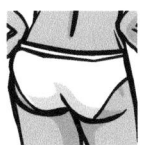

pantat

zitvlak

kulit

huid

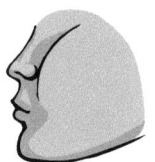

pipi

wang

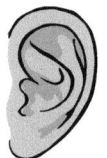

telinga

oor

bibir

lip

mulut

mond

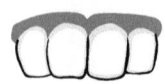

gigi

tand

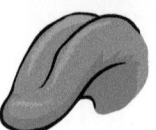

lidah

tong

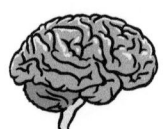

otak

hersenen

jantung

hart

otot

spier

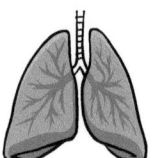

paru-paru

long

hati

lever

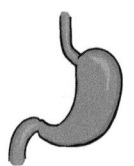

stomach

maag

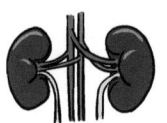

ginjal

nieren

hubungan seks

seks

kondom

condoom

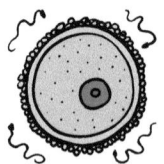

sel telur

eicel

sperma

sperma

kehamilan

zwangerschap

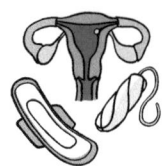

menstruasi

menstruatie

vagina

vagina

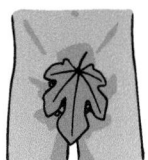

penis

penis

alis

wenkbrauw

rambut

haar

leher

nek

rumah sakit

ziekenhuis

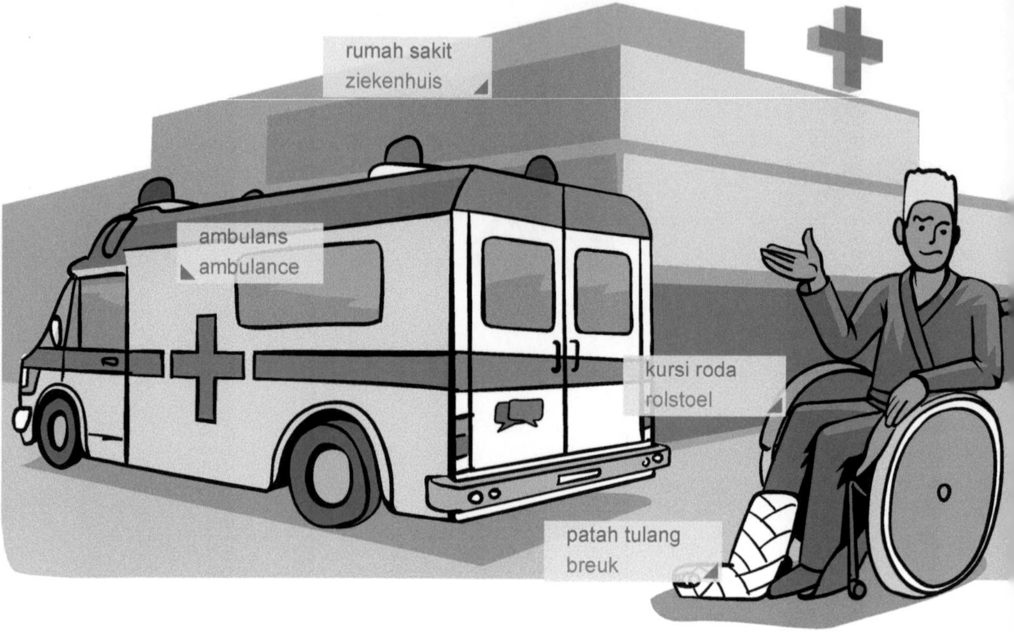

rumah sakit
ziekenhuis
ambulans
ambulance
kursi roda
rolstoel
patah tulang
breuk

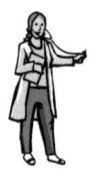

dokter

dokter

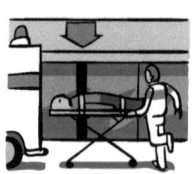

ruang darurat

spoed

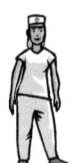

perawat

verpleegkundige

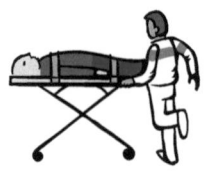

darurat

noodgeval

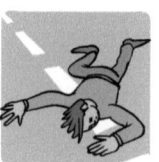

semaput

bewusteloos

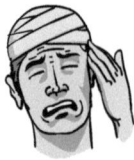

sakit

pijn

cedera

verwonding

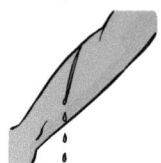

perdarahan

bloeding

serangan jantung

hartaanval

stroke

beroerte

alergi

allergie

batuk

hoest

demam

koorts

flu

griep

diare

diarree

sakit kepala

hoofdpijn

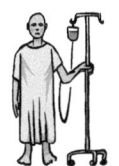

kanker

kanker

diabetes

diabetes

ahli bedah

chirurg

pisau bedah

scalpel

operasi

operatie

CT

CT

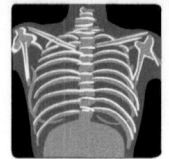

sinar x

röntgenstraal

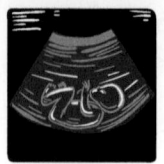

usg

ultrageluid

topeng

gezichtsmasker

penyakit

ziekte

ruang tunggu

wachtkamer

penyokong

kruk

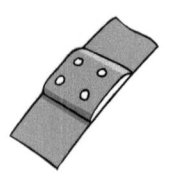

plester

pleister

perban

verband

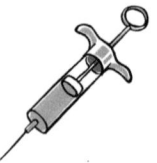

injeksi

injectie

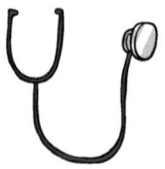

stetoskop

stethoscoop

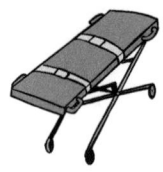

usungan

brancard

termometer klinis

thermometer

kelahiran

geboorte

kelebihan berat badan

overgewicht

alat pendengar

hoorapparaat

desinfektan

ontsmettingsmiddel

infeksi

infectie

virus

virus

HIV / AIDS

HIV / AIDS

obat

medicijn

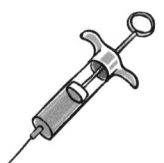

vaksinasi

vaccinatie

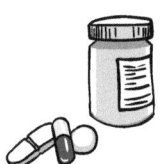

tablet

tabletten

pil

pil

panggilan darurat

noodoproep

ukur tekanan darah

bloeddrukmeter

sakit / sehat

ziek / gezond

Tolong!

Help!

alarm

alarm

penyerbuan

overval

serangan

aanval

bahaya

gevaar

pintu darurat

nooduitgang

Api!

Brand!

alat pemadam kebakaran

brandblusser

kecelakaan

ongeval

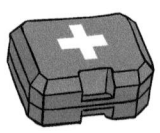

kit pertolongan pertama

EHBO-kit

SOS

SOS

polisi

politie

Eropa

Europa

Amerika Utara

Noord-Amerika

Amerika Selatan

Zuid-Amerika

Afrika

Afrika

Asia

Azië

Australi

Australië

Atlantik

Atlantische Oceaan

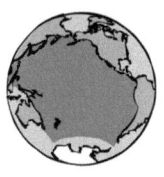

Pasifik

Stille Oceaan

Samudra India

Indische Oceaan

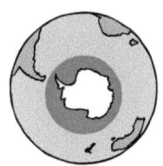

Samudra Antartika

Antarctische Oceaan

Samudra Arktik

Arctische Oceaan

kutub utara

Noordpool

kutub selatan

Zuidpool

Antarktika

Antarctica

bumi

aarde

tanah

land

laut

zee

pulau

eiland

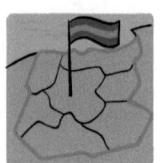

bangsa

natie

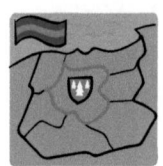

negara

staat

jam wajah

wijzerplaat

jarum pendek

uurwijzer

jarum menit

minuutwijzer

jarum detik

secondewijzer

Jam berapa?

Hoe laat is het?

hari

dag

waktu

tijd

sekarang

nu

jam digital

digitale horloge

menit

minuut

jam

uur

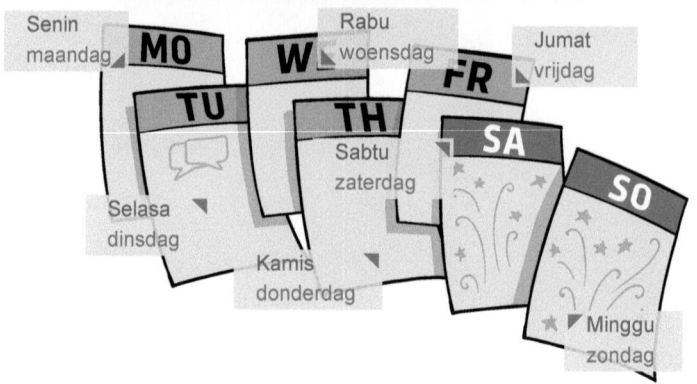

Senin — maandag
Rabu — woensdag
Jumat — vrijdag
Selasa — dinsdag
Kamis — donderdag
Sabtu — zaterdag
Minggu — zondag

kemaren
gisteren

hari ini
vandaag

besok
morgen

pagi
ochtend

siang
middag

malam
avond

hari kerja
werkdagen

akhir minggu
weekend

tahun
jaar

hujan
regen
pelangi
regenboog
angin
wind
salju
sneeuw
musim semi
lente
musim panas
zomer
musim gugur
herfst
musim dingin
winter

4.APRIL 11°
5.APRIL 4°
6.APRIL 13°
7.APRIL 8°
8.APRIL 10°

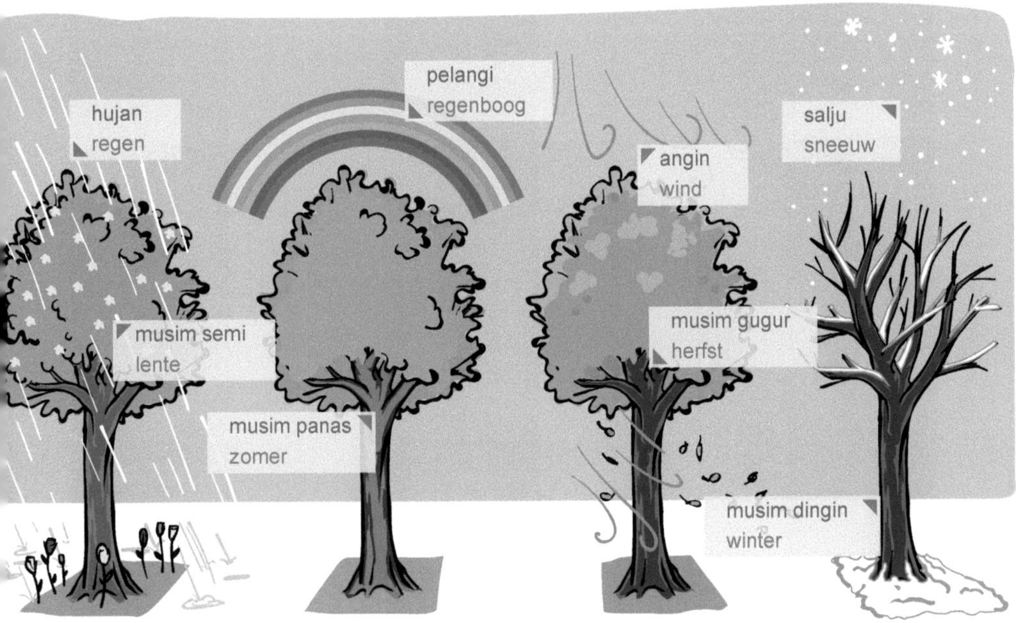

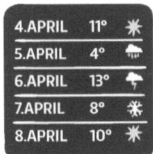

ramalan cuaca

weervoorspelling

F C

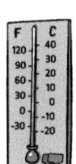

termometer

thermometer

matahari

zonneschijn

awan

wolk

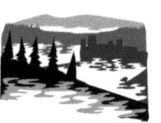

kabut

mist

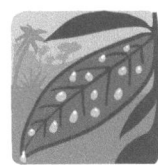

kelembahan

vochtigheid

kilat

bliksem

guntur

donder

badai

storm

hujan es

hagel

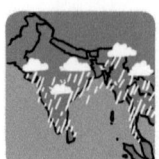

monsun

moesson

banjir

overstroming

es

ijs

Januari

januari

Februari

februari

Maret

maart

April

april

Mei

mei

Juni

juni

Juli

juli

Agustus

augustus

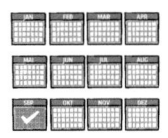

September
september

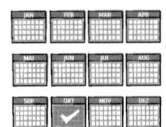

Oktober
oktober

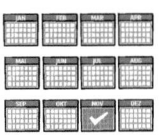

November
november

Desember
december

bentuk
vormen

lingkaran
cirkel

persegi
kwadraat

persegi panjang
rechthoek

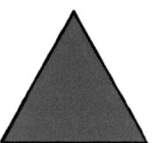

segi tiga
driehoek

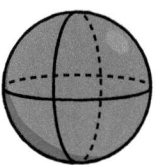

bola
bol

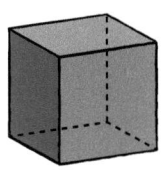

kubus
kubus

putih

wit

kuning

geel

oranye

oranje

pink

roze

merah

rood

ungu

paars

biru

blauw

hijau

groen

coklat

bruin

abu-abu

grijs

hitam

zwart

banyak / sedikit

veel / weinig

marah / tenang

boos / kalm

cantik / jelek

mooi / lelijk

mulaih / selesai

begin / einde

besar / kecil

groot / klein

terang / gelap

licht / donker

audara laki-laki / saudara perempuan

broer / zus

bersih / kotor

proper / vuil

lengkap / tidak lengkap

volledig / onvolledig

hari / malam

dag / nacht

mati / hidup

dood / levend

luas / sempit

breed / smal

dapat dimakan / tidak dapat
dimakan

eetbaar / oneetbaar

jahat / baik

kwaadaardig / vriendelijk

bersemangat / bosan

opgewonden / verveeld

gemuk / kurus

dik / dun

pertama / terakhir

eerst / laatst

teman / musuh

vriend / vijand

penuh / kosong

vol / leeg

keras / lembut

hard / zacht

berat / enteng

zwaar / licht

lapar / haus

honger / dorst

sakit / sehat

ziek / gezond

ilegal / legal

illegaal / legaal

cerdas / bodoh

intelligent / dom

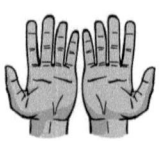

kiri / kanan

links / rechts

dekat / jauh

dichtbij / veraf

| baru / bekas | tidak ada apapun / sesuatu | tua / muda |
| nieuw / gebruikt | niets / iets | oud / jong |

| nyala / mati | buka / tutup | tenang / keras |
| aan / uit | open / dicht | stil / luid |

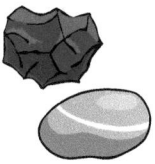

| kaya / miskin | benar / salah | kasar / halus |
| rijk / arm | juist / fout | ruw / glad |

| sedih / gembira | pendek / panjang | pelan-pelan / cepat |
| droevig / blij | kort / lang | traag / snel |

| basah / kering | hangat / sejuk | perang / damai |
| nat / droog | warm / koud | oorlog / vrede |

angka-angka
cijfers

0

nol
nul

1

satu
één

2

dua
twee

3

tiga
drie

4

empat
vier

5

lima
vijf

6

enam
zes

7

tujuh
zeven

8

delapan
acht

9

sembilan
negen

10

sepuluh
tien

11

sebelas
elf

12	13	14
duabelas	tigabelas	empatbelas
twaalf	dertien	veertien

15	16	17
limabelas	enambelas	tujuhbelas
vijftien	zestien	zeventien

18	19	20
delapanbelas	sembilanbelas	duapuluh
achtien	negentien	twintig

100	1.000	1.000.000
seratus	seribu	juta
honderd	duizend	miljoen

Inggris

Engels

bahasa Inggris Amerika

Amerikaans Engels

bahasa Cina Mandarin

Chinees (Mandarijn)

bahasa Hindi

Hindi

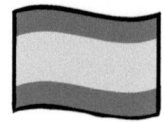

bahasa Spanyol

Spaans

bahasa Perancis

Frans

bahasa Arab

Arabisch

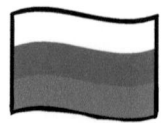

bahasa Rusia

Russisch

bahasa Portugis

Portugees

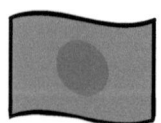

bahasa Bengal

Bengali

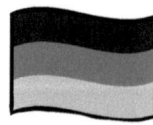

bahasa Jerman

Duits

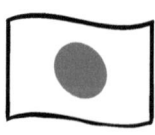

bahasa Jepang

Japans

saya

ik

kamu

u

dia

hij / zij / het

kita

wij

kalian

u

mereka

ze

siapa?

wie?

apa?

wat?

begaimana?

hoe?

dimana?

waar?

kapan?

wanneer?

nama

naam

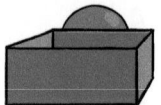

dibelakang

achter

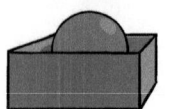

di

in

didepan

voor

diatas

boven

diatas

op

dibawah

onder

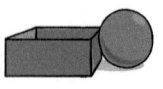

sebelah

naast

di antara

tussen

tempat

plaats